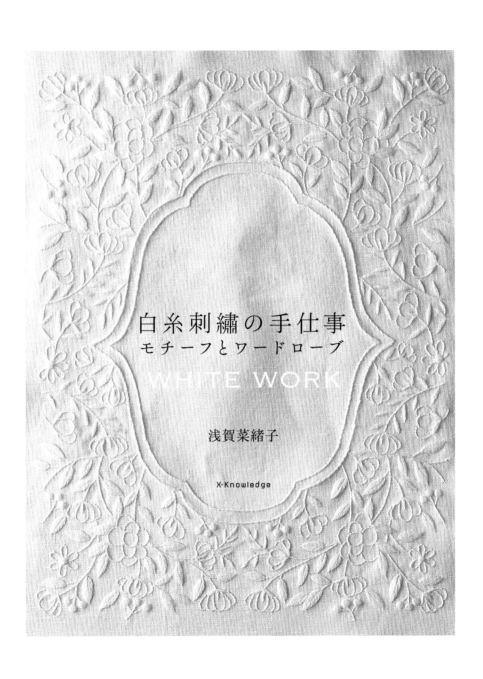

白糸刺繡の手仕事
モチーフとワードローブ
WHITE WORK

浅賀菜緒子

X-Knowledge

Message

白糸刺繍のこと

アンティークの白糸刺繍にずっと憧れていました。

長い時間をかけ、ていねいに刺された美しい手仕事。

さまざまな色糸で描かれた刺繍は、色彩の美しさに目を奪われますが、
白一色の布に浮かぶのはやわらかな光の陰影です。ふっくらと刺された
刺繍糸の穏やかな影、ていねいに刺された糸の光沢、美しく整った針目。
白い糸が、シンプルで精緻な手仕事の美しさを浮かび上がらせ、純粋に
刺繍の仕事に目がいきます。そして、教会や修道院での仕事としてはじめ
られた神聖な場所にふさわしい白糸刺繍の白い糸は、純粋な仕事へと
心を導いてくれるように感じます。

熟練した刺し手によるこまやかな手仕事を手にして眺めていると、針を動か
し続けたであろう長い時間が私の元へと流れ込んでくるようです。それは、
まるで日々の祈りのようにも感じます。静かに集中して行われた時間を想像
しては、癒され、魅了されます。

白が持つ、神聖で無垢な色調は、その色を使う者を正しく導いてくれる
かのようです。心を整えて、まっすぐ丁寧にと。

憧れからはじまった刺繍という手仕事が、祈りであるかのように−
本書を通して、白糸で刺す刺繍の魅力や手仕事の愉しさに触れていただく
きっかけとなりましたら幸いです。

Pontomarie　浅賀菜緒子

CONTENTS

Message	白糸刺繍のこと　5

WHITE WORK I
WHITE MONOCHROME
白のモノクローム

白のハンカチーフ　7／53
くるみボタン　8／55
ブローチ　10／54
モノクロームのショール　11／56
憧れのモチーフレース　12／58, 59

WHITE WORK II
ELEGANT LINE
優美な白のライン

フレームパターン　14／60, 61
クロスのモチーフ　16／62
蔓と実のパターン　17／64
ラビットテイル　18／65, 66
ホワイトローズ　20／68
草花のパターン　21／69

WHITE WORK III
MINIMAL DECORATION
小さな白の装飾

カットワークのサンプラー　22／70, 71
スカラップの縁飾り　24／72, 73
マーガレット　26／74, 75
ループの縁飾り　28／72
芯入りサテンステッチの教習布　29／76

WHITE WORK IV
SEASONAL
WHITE DRAWER
季節の白いドロワー

ホワイトブロッサム　32／77
バレエシューズ　34／80
白のモザイク　36／82
アイレットのサンプラー　38／84, 85
スワンのステッチワーク　40／89
リボンのステッチワーク　41／89
ウインターニットのパターン　42／86, 87

Essay　刺繍のあしらい　30
LESSON　白糸刺繍　44
HOW TO MAKE　刺繍の実物大図案と作り方　52

AD&デザイン／天野美保子　ヘアメイク／成田祥子　トレース／原山 恵
撮影／大森忠明　モデル／Julia.L（STAGE Tokyo Model Agency）　DTP／天龍社
スタイリング／鈴木亜希子　うさぎ／びび（うさぎカフェ　うさびび）　印刷／図書印刷

白い世界に浮かび上がる、白のモチーフや断片。
使うのは、ワンステッチー
あるいは複数のシンプルなステッチだけです。
やさしく灯るひかりのように
静かであたたかな白を
身近な小物やワードローブに刺してみましょう。

WHITE WORK I
WHITE MONOCHROME
白のモノクローム

白のハンカチーフ

線の一本、一本が、
気持ちを写しとったよう。
はじめての白糸刺繍は、ハンカチから。
HOW TO MAKE P.53

OUTLINE STITCH / FENCH KNOT STITCH

LAZY DAISY STITCH / FRENCH KNOT

8 WHITE WORK I
WHITE MONOCHROME

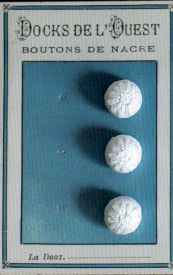
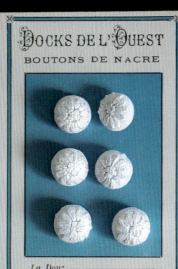
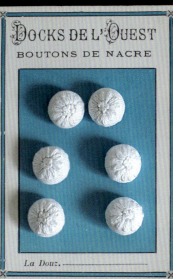

ブローチ

同じステッチを繰り返し、何度も。
それだけで模様が浮かび上がります。
How to make　p.54

CHAIN STITCH
FENCH KNOT STITCH
LAZY DAISY STITCH / STRAIGHT STITCH / OUTLINE STITCH

10　WHITE WORK I
　　WHITE MONOCHROME

モノクロームのショール

光に照らされた白いショール。
白の世界に、3つのステッチで描いた
花が朧げに浮かび上がります。
How to make P.56

STRAIGHT STITCH / FLY STITCH / OUTLINE STITCH

BLANKET STITCH / CHAIN STITCH / OUTLINE STITCH / STRAIGHT STITCH / BACK STITCH

WHITE WORK I
WHITE MONOCHROME

憧れのモチーフレース

永遠の白―アンティークレースに思いを馳せて。
断片を写し取るように、ブランケットステッチで描きました。
How to make P.58, 59

WHITE WORK II
ELEGANT LINE
優美な白のライン

フレームパターン

白だけの贅沢―
アウトラインステッチの白線には、
そんな魅力があります。
HOW TO MAKE P.60, 61

OUTLINE STITCH

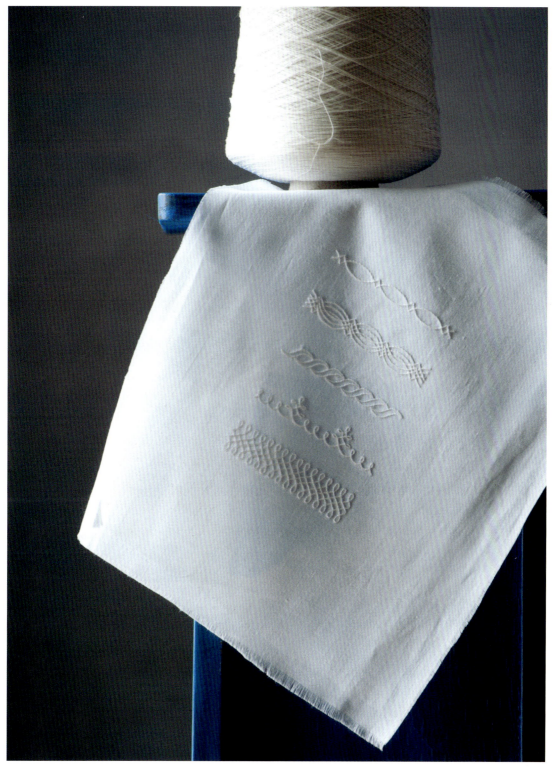

OUTLINE STITCH

クロスのモチーフ

いくつものステッチを連ねて生まれる線模様。
ぬくもりのある白の表現です。
HOW TO MAKE P.62

STRAIGHT STITCH / BACK STITCH
FLY STITCH

16　WHITE WORK II
　　ELEGANT LINE

蔓と実のパターン

草花を編んで作ったリースのように、パターンをつなげましょう。
さりげないのにはっとするほど美しいのは、白糸ならでは。
How to make p.64

PADDED SATIN STITCH / SATIN STITCH / OUTLINE STITCH

17

ラビットテイル

白糸で刺したい純白のモチーフ。
雪景色に紛れ込んだようなステッチラインと
ふわふわのラビットテイルを2つのステッチで。
How to make　p.65, 66

OUTLINE STITCH / TURKEY KNOT STITCH

WHITE WORK II
ELEGANT LINE

ホワイトローズ

透けるようなホワイトローズの連続模様を
エプロンドレスの裾飾りに。
ブランケットステッチが遠目でも輪郭を浮かばせます。

HOW TO MAKE P.68

BLANKET STITCH / FENCH KNOT STITCH / OUTLINE STITCH

WHITE WORK II
ELEGANT LINE

草花のパターン

シンプルな白いウエアの袖口に
刺繍のあしらいを。
3つのステッチのモチーフによる輪舞曲です。
HOW TO MAKE　P.69

BLANKET STITCH / LAZY DAISY STITCH / CHAIN STITCH

WHITE WORK III
MINIMAL DECORATION
小さな白の装飾

カットワークのサンプラー

SCALLOP CUTWORK

1本1本ていねいに刺したステッチが
美しい輪郭をつくるカットワークの技法。
いくつも作りためた小さな額は、
イニシャルやワンポイント刺繡の周囲を飾る見本帖に。
HOW TO MAKE P.70, 71

CUTWORK

SCALLOP CUTWORK

24 WHITE WORK III
MINIMAL DECORATION

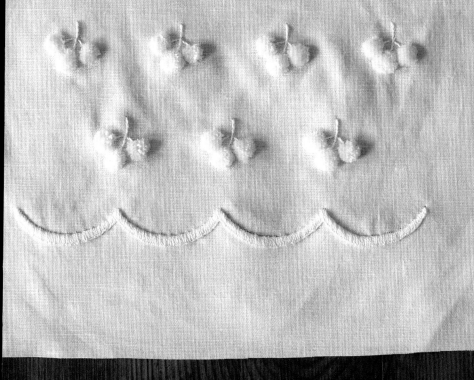

スカラップの縁飾り

手持ちのワードローブの袖や裾に
カットワークのスカラップを取り入れて。
モチーフ刺繍を加えるのも愉しい。
HOW TO MAKE P.72, 73

SCALLOP CUTWORK / TURKEY KNOT STITCH / OUTLINE STITCH

マーガレット

つい触れたくなる―
まるで彫刻のように浮き上がった花は
芯入りサテンステッチによる表現。
一輪から刺してみましょう。

How to make　p.74, 75

PADDED SATIN STITCH / SATIN STITCH / FENCH KNOT STITCH / OUTLINE STITCH

ループの縁飾り

糸を渡してステッチでくるむだけ。
フリルのようなループが
ほんのり甘さを加えます。
How to make　p.72

SCALLOP(LOOP)

WHITE WORK III
MINIMAL DECORATION

芯入りサテンステッチの教習布

上質な小物や贈り物に入れる印は、
1本取りの芯入りサテンステッチがよく似合います。
特別なステッチのための練習を。
HOW TO MAKE P.76

PADDED SATIN STITCH

Essay
刺繍のあしらい

白く清潔なハンカチ。アイロンのかかった白いシャツ。

気持ちよく整えられたベッドリネン。

美しく清潔な布は、それだけで気持ちがよいものです。

それらに白い刺繍をほどこすと、より愛着がわいて大切なものとなります。

白の清らな美しさは特別感があり、それを作っているあいだに満ちる喜び、

日々使うことのつみ重ねが心までも豊かにしてくれます。

そうして続いていく日々の暮らしはとても幸せなことだと思います。

いつもそばにある布だからこそ、美しく整える。

美しいものを作りたいと思う憧れは、刺繍をしている時間の幸福な夢。

それを使う暮らしは、心の贅沢です。

WHITE WORK IV

SEASONAL
WHITE DRAWER
季節の白いドロワー

ホワイトブロッサム

大切なものをしまう引き出しに、白糸刺繍の小品たちを並べて。
春夏秋冬—白い糸のガーデンは、それぞれの季節の心模様で印象も変化します。
HOW TO MAKE P.77

OUTLINE STITCH / SATIN STITCH / PADDED SATIN STITCH

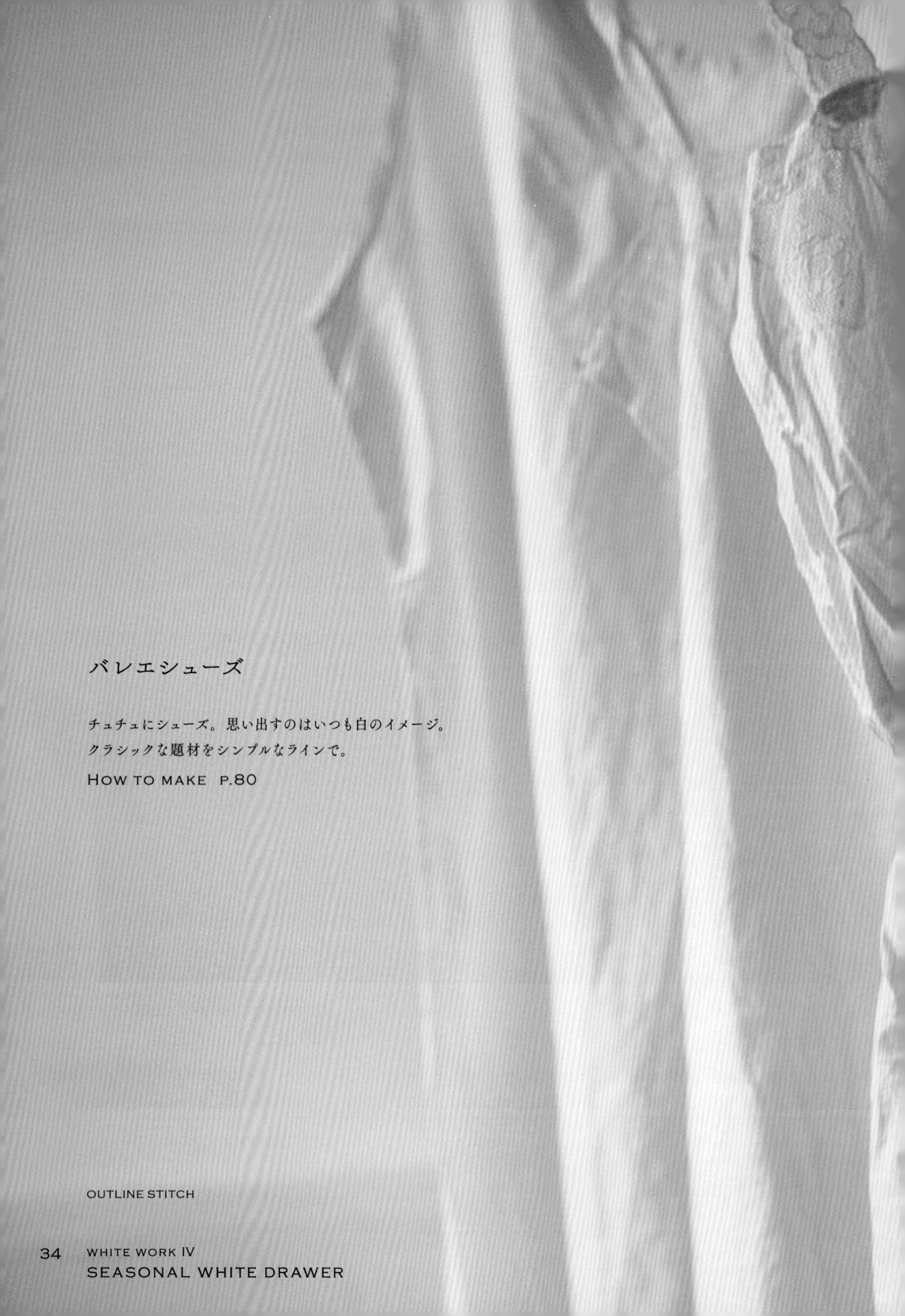

バレエシューズ

チュチュにシューズ。思い出すのはいつも白のイメージ。
クラシックな題材をシンプルなラインで。

HOW TO MAKE　P.80

OUTLINE STITCH

WHITE WORK IV
SEASONAL WHITE DRAWER

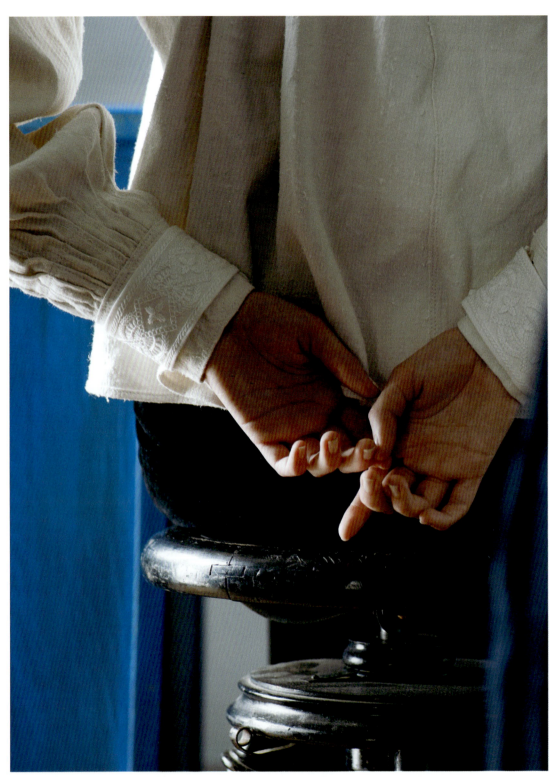

FLY STITCH / STRAIGHT STITCH / LAZY DAISY STITCH / CHAIN STITCH / BACK STITCH / FEATHER STITCH / BUTTONHOLE STITCH

WHITE WORK IV
SEASONAL WHITE DRAWER

白のモザイク

白糸で浮かび上がらせた、タイルのような模様。
手元のおしゃれにやさしい陰影を添えましょう。
HOW TO MAKE　P.82

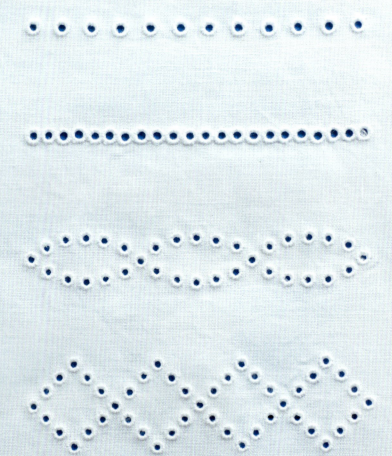

アイレットのサンプラー

小さな穴を糸でかがるアイレット刺繍。いくつも集まって生まれるリズムに思わず針が進みます。縁飾りやレース模様、草花のモチーフ…思い浮かべたイメージを形に。
HOW TO MAKE p.84, 85

EYELETS

EYELETS / SATIN STITCH / OUTLINE STITCH

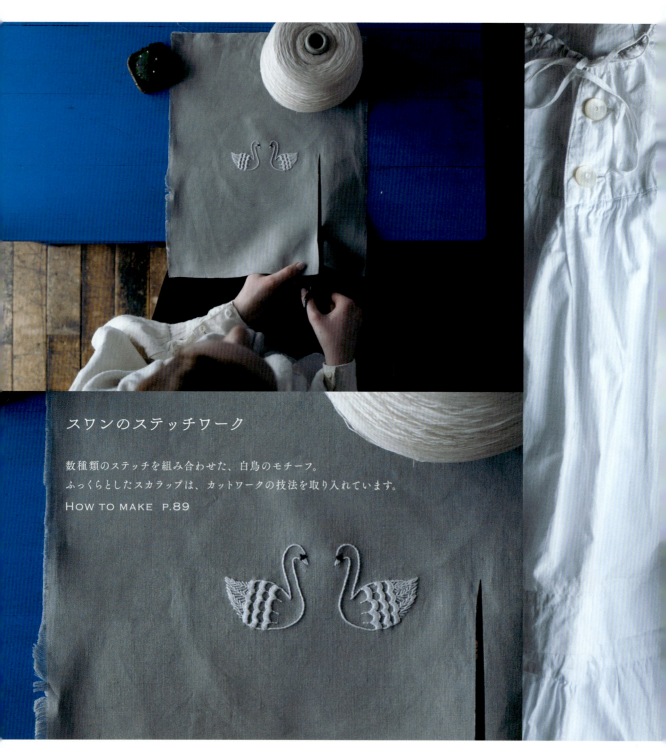

スワンのステッチワーク

数種類のステッチを組み合わせた、白鳥のモチーフ。
ふっくらとしたスカラップは、カットワークの技法を取り入れています。

HOW TO MAKE P.89

OUTLINE STITCH / SCALLOP / STRAIGHT STITCH / BACK STITCH / FLY STITCH

WHITE WORK IV
SEASONAL WHITE DRAWER

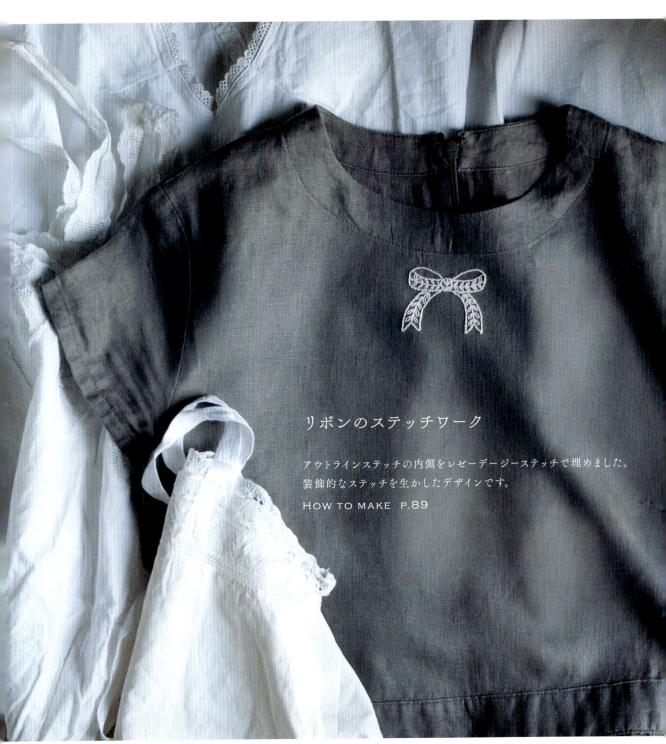

リボンのステッチワーク

アウトラインステッチの内側をレゼーデージーステッチで埋めました。
装飾的なステッチを生かしたデザインです。

HOW TO MAKE P.89

OUTLINE STITCH / LAZY DAISY STITCH

CHAIN STITCH

WHITE WORK IV
SEASONAL WHITE DRAWER

ウインターニットのパターン

ライン状に刺したチェーンステッチで、ニットの縄編み模様を描き出しました。
やがてくる冬に備えてあたたなか針仕事を。
HOW TO MAKE　P.86, 87

CHAIN STITCH

LESSON
白糸刺繍

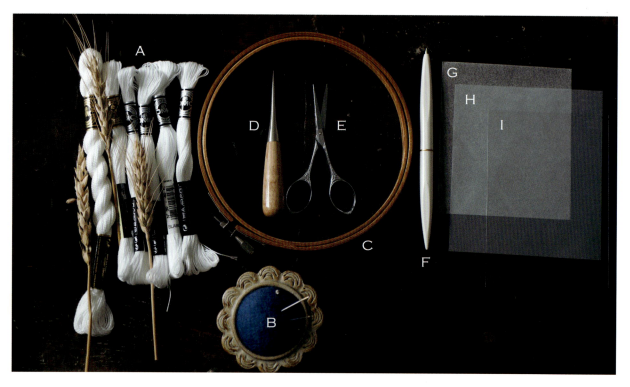

A 刺繍糸
25番手のBLANCを1〜3本取りで主に使用。図案によっては、5番手のBLANCや、白糸刺繍の定番糸、甘撚りのアブローダーの20番手、30番手のBLANCを使います。

B 刺繍針
25番手はフランス刺繍用の針No.3〜9、5番手はNo.3、アブローダーはNo.5〜6を使います。

C 刺繍枠
布を張るのに使用。手で持ちやすい直径10〜15cm程度がおすすめです。

D 目打ち
アイレット刺繍で布に穴をあけるのに使います。

E はさみ
糸を切るのに使用。刃先が小さい方が作業しやすくなります。

F 鉄筆
布に図案を複写紙で写す際に、図案をなぞるのに使用。インクが出なくなったボールペンでも代用できます。

G 手芸用複写紙
布に図案を写すための転写用の紙。線が目立たないように、色はグレーで、水で消えるタイプを使うと仕上がりがきれいです。

H トレーシングペーパー
薄くて透けるため、図案を写しやすい。布に写す際は、複写紙、図案、セロファンの順に重ねます。

I セロファン
図案を鉄筆でなぞる際に図案の上に重ねて使用。薄いポリプロピレンのビニールバッグなどでも代用できます。

刺繍のコツ〈刺し始めと終わり〉

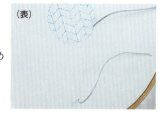

刺し始め
（表）
離れた位置に入れた針を、図案上に出して刺し始めます。糸が抜けないように糸端は15cm残しておき、最後に布の裏で始末します。

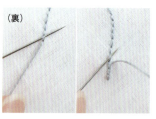

刺し終わり
（裏）
布の裏に針で糸を出し、裏に渡った糸に数回くぐらせます。

余分な糸をきわでカットします。

基本のおもなステッチ　　図案の線や点などを表現します。

CHAIN STITCH
チェーン ステッチ

チェーンのように輪が連なるステッチ。
輪の大きさがステッチの太さを左右します。

1
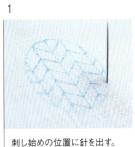
刺し始めの位置に針を出す。

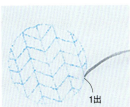

2
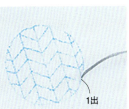
すぐ隣に針を入れてひと針すくい、糸をかける。

3

糸を引くと輪ができる。

4
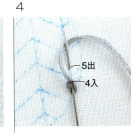
再び、すぐ隣に針を入れて、同様に刺す。これをくり返す。

5
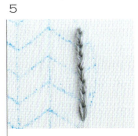
刺し終わりは、輪のすぐ上に針を入れてとめる。

FRENCH KNOT STITCH
フレンチノット ステッチ

結び目（ノット）を作るステッチ。
小さな丸い点は、花心の表現などに
向いています。

1
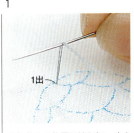
刺し始めの位置に針を出し、糸をかける。

2

必要な回数分（写真は3回）、糸を巻く。

3
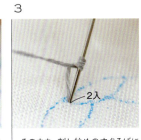
そのまま、刺し始めのすぐそばに針を入れる。

4

糸を引きながら針を垂直に立てると、巻きつけた糸が下側に移動する。

5
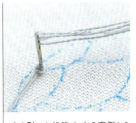
糸を引いた状態で、布の裏側から針を引き抜く。

基本のおもなステッチ

OUTLINE STITCH
アウトライン ステッチ

線を描くステッチで、
さまざまな図案で使用。
同じ針目で刺すようにすると
美しく仕上がります。

1
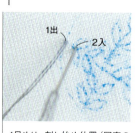
1目めは、刺し始め位置（図案の端）から針を出し、線上の1目先に針を入れる。

2
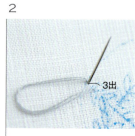
糸を引き、写真のように引ききる前に、1目めの⅔程度の位置に針を出す。

3
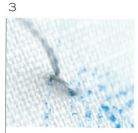
糸を引くと、1目めができる。

4
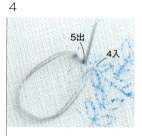
2目めは、半目分先に針を出し、糸を引ききる前に、1目めのすぐ隣に針を出す。

5

糸を引き、2目めの完成。

6

以降は2目めと同様にして、図案の端まで刺す。

LAZY DAISY STITCH
レゼーデージー ステッチ

花びらのような形のステッチ。
ストレートSと組み合わせると、
芯入りサテンSのような表現ができます。

1

刺し始めは、図案の端から針を出し、すぐ隣に針を入れて図案の長さ分をすくう。

2

針に糸をかける。

3
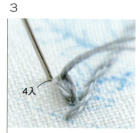
糸を引くと輪ができる。輪のすぐ上をとめる。

ARRANGE　ストレート ステッチを加える

レゼーデージーSの輪の根元から針を出す。

輪の上部に針を入れる（ストレートS）。

上にかぶさったストレートSで盛り上がり、芯入りサテンSのように盛り上がる。

立体的なステッチ　　白糸刺繍ならではの立体感や陰影を表現します。

PADDED SATIN STITCH

芯入りサテン ステッチ
（シンプルな形）

面を埋めるステッチ。
下刺ししてからステッチすることで、
盛り上がります。

1
サテンSで下刺しする。中央の図案線の内側から針を出す。※仕上がりとステッチの方向を変える。

2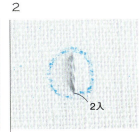
図案線より内側に針を入れる。

3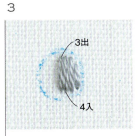
同じ要領で、図案線の内側を端まで刺す。

4
最初の針目の隣に針を出し、残りの半分を刺す。

5
反対側の端まで刺し終わったところ。下刺しの完成。

6
中央の図案線上に針を出し、下刺しを覆うように線上でサテンS。

PADDED SATIN STITCH

芯入りサテン ステッチ
（複雑な形）

幅が狭いものや複雑な形の場合、
アウトラインSで下刺しします。
輪郭がしっかりします。

1
アウトラインSで下刺しする。図案線よりやや内側で刺す。

2
図案の線の内側を刺していき、下刺しの完成。

3
図案の端の線上に針を出す。
※対称形は図案の中心から刺す。

4
反対側の図案線上に針を入れて、下刺しを覆うようにサテンSする。

5
続けて、図案線上をサテンS。

立体的なステッチ

TURKEY KNOT STITCH
ターキーノット ステッチ

ループ状の糸が密集したステッチ。カットして長さや形を整えます。

1

丸い尾のターキーノットS以外を刺し終えたところ。

2
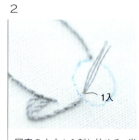
図案の中央から刺し始める。半目分内側から針を入れる。糸端は必要な長さを残す。

3
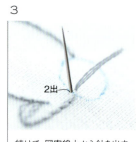
続けて、図案線上から針を出す。

4
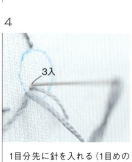
1目分先に針を入れる（1目めの完成）。

5
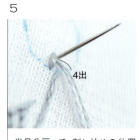
半目分戻って、刺し始めの位置の隣に針を出す。

6
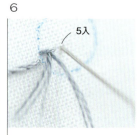
1目めの半目先に針を入れる。

7
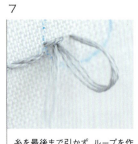
糸を最後まで引かず、ループを作る。

8
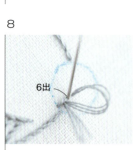
半目分戻って、針を出す。

9
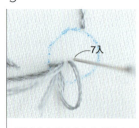
1目分先に針を入れる（2目めの完成）。

10
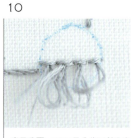
半目分戻っては1目分先に針を出す、をくり返し、端まで刺す。一列めの完成。

11

続けて端から針を出し、2列めを刺す。1列めとの間が狭いと密集した仕上がりになる。

12

前列と同じ要領で、1目と半目を交互にくり返す。中央から上へと各列を刺す。

13

残り半分も中央から下へと同様に刺す。ループが邪魔になるため、布の向きを変える。

14

ループをカットして、糸をばらけさせる（デザインによっては、ループのままにする）。

15

長さを調整して、形を整えて完成。

CUTWORK
カットワーク

刺繍した縁をカットする技法。縁の始末や透かし模様を作ることができます。

1

ランニングSで図案線の内側を下刺しする。

2

糸をかける
3出
2入　1出

下刺しを覆うように、端から図案線上で布をすくい、ボタンホールSを刺す。

3

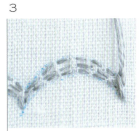

糸を引くと、最初の目ができる。

4

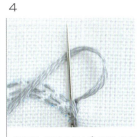

続けて、間隔をあけず、1目めのすぐ隣をすくってボタンホールS。

5

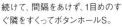

以降も端から順にボタンホールSで埋めていく。

6

糸を切らないように気をつけて、縁をきわでカットする。

49

立体的なステッチ

SCALLOP (LOOP)
スカラップ（ループ）

渡した糸をステッチでかがる技法。
ボタンループや縁の装飾に使います。

1

針を出し、土台となるボタンホールSを刺す。1目めは布を縁に対して垂直にすくう。

2

糸を引ききる前に、糸の輪に針を通す。

3

糸を引くとボタンホールSの1目めができる。

4

2目めも同様にする。

5
これをくり返して、必要な長さをボタンホールSで刺す。

6
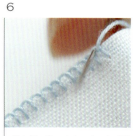
端の横に渡った糸に奥から手前に針をくぐらせる。

7
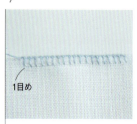
同様にして、横の渡り糸に針をくぐらせて、1目めまで戻る。

8

続けて、ループの芯糸を渡す。7目め（ループの大きさによって変わる）の渡り糸に針を通す。

9

ループの長さ分を残して糸を引いたら、1目の渡り糸に針を通す。

10
ループの長さ分を残して糸を引く。芯糸が2本渡る。

11

もう一度往復して、合計で4本の芯糸を渡す。

12

4本の芯糸をボタンホールSでくるむ。1目めは、芯糸の下に針を通す。

13

糸を引ききる前に、針の糸の輪に針を通す。

14

糸を引くと、ボタンホールSの1目めができる。

15

同様にして、ボタンホールSで芯糸をくるんでいく。すき間ができないように注意。

16

端までステッチしたところ。ひとつめのループができる。

17

次のループは、隣りの目の渡り糸に針を入れ、ひとつめのループと同様にする。これをくり返す。

EYELETS
アイレット刺繍

小さな穴をステッチでかがる技法。
主に透かし模様を作るのに使います。

1

図案線上をバックSで刺す。

2

穴の中心に目打ちを刺して、穴をあける。

3

目打ちをしっかり奥まで刺すと、図案の大きさの穴があく。

4

穴の縁を巻きかがる。刺し始めは、バックSのきわに針を出す。

5

穴の中に針を通す。

6

最初の目の隣に針を出す。

7

すき間をあけないようにして、くり返す。

8

1周したら、完成。

51

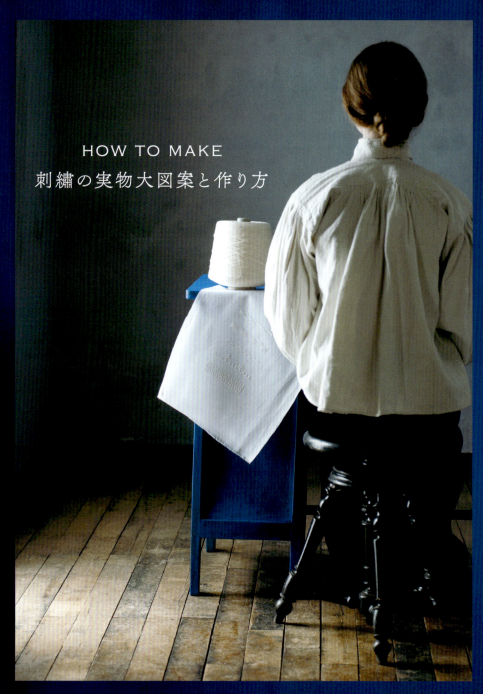

HOW TO MAKE
刺繍の実物大図案と作り方

・刺繍糸はすべてDMCの刺繍糸を使用しています。
・Sはステッチの略です。
・図中の数字で単位がないものは、すべてcm（センチメートル）です。
・小さい布は当て布をしてフープに張るか、フープより3〜5cm程大きめに裁ってフープに張り、刺繍した後にでき上がり寸法に裁ちましょう。
・白糸刺繍の道具や刺し方は、44、90ページにあります。

P.7　白のハンカチーフ

でき上がり　23×23cm

刺繡　25番BLANCの2本取りで刺す。▷ステッチのレッスンはp.45, 46

材料　白生地（リネン）…25×25cm

作り方　1．白生地に刺繡する。
　　　　2．周囲を1cmで三つ折りして、まつってとめる。

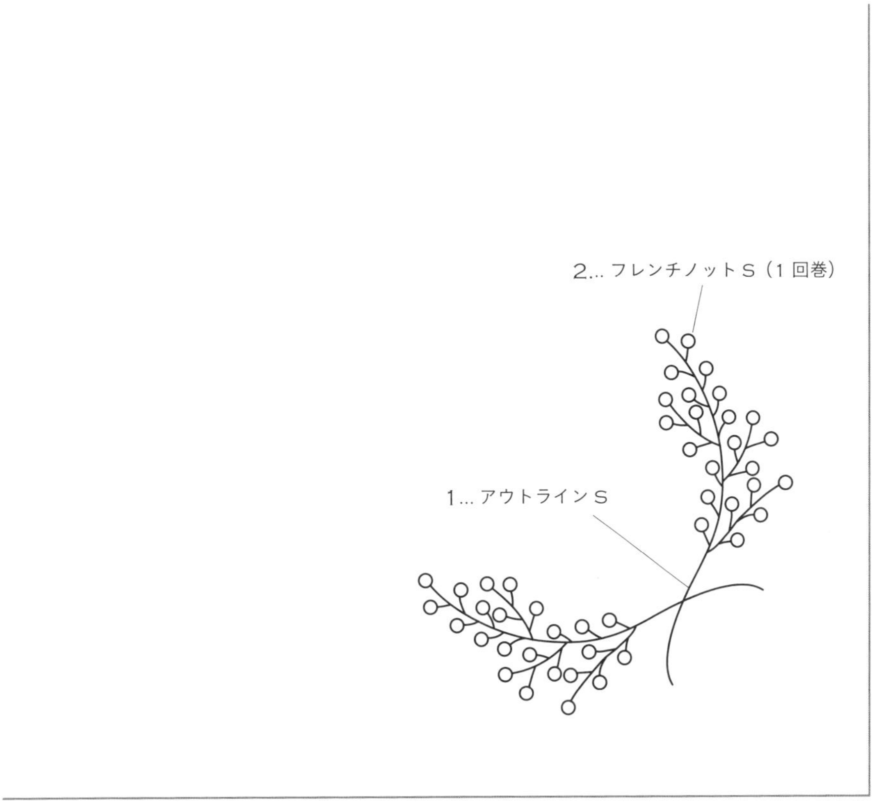

2…フレンチノットS（1回巻）

1…アウトラインS

P.10　ブローチ

でき上がり　直径3.5cm（円）、4×5cm（だ円）

刺繡　すべて25番BLANCの2本取りで刺す。▷ステッチのレッスンはp.45, 46

材料　白生地（リネン）…各6×6cm（円）、7×8cm（だ円）
当て布（ネル）…各3.5×3.5cm（円）、4×5cm（だ円）
直径3.5cmブローチ台（円）…2個
4×5cmブローチ台（だ円）…1個
長さ3cmブローチピン…3個
縫い糸、手芸用ボンド…各適宜

作り方　1. 白生地に刺繡する。
2. イラスト(p.55)のように仕立てる。

線上にフレンチノット（3回巻）

縫い代1.3cm

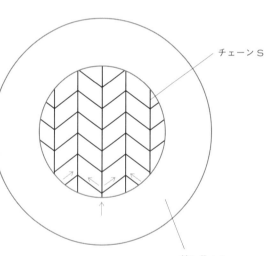

チェーンS

縫い代1.3cm

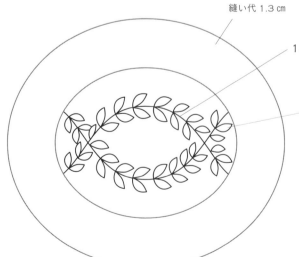

1… アウトラインS

2… レゼーデージーS
2本取り
＋
ストレートS
3本取り

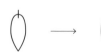

レゼーデージーSの上にタテにストレートSをのせる

P.8 くるみボタン

でき上がり 直径1.2cm

刺繡 25番BLANCの2本取りで刺す。▷ステッチのレッスンはp.45, 46

材料 白生地（コットン）…各3×3cm
市販の直径1.2cmつつみボタンキット

作り方
1. 白生地に刺繡する。
2. 直径3cmに裁ち、つつみボタンキットにセットしてボタンを作る。

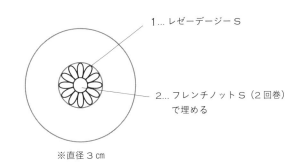

1… レゼーデージーS
2… フレンチノットS（2回巻）で埋める

※直径3cm

ブローチの作り方

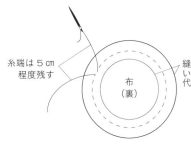

①刺繡した布の縫い代をぐし縫いする

②ブローチ台の表面に同寸の当て布用のネル地を貼り、布の裏に重ねて引き絞る

③フェルトにブローチピンを縫いとめ、②の後ろにまつる

P.11 モノクロームのショール   でき上がり 186×35cm（ショールの寸法）

刺繍 25番BLANCの3〜4本取りで刺す。▷アウトラインSのレッスンはp.46
材料 白のショール…1枚

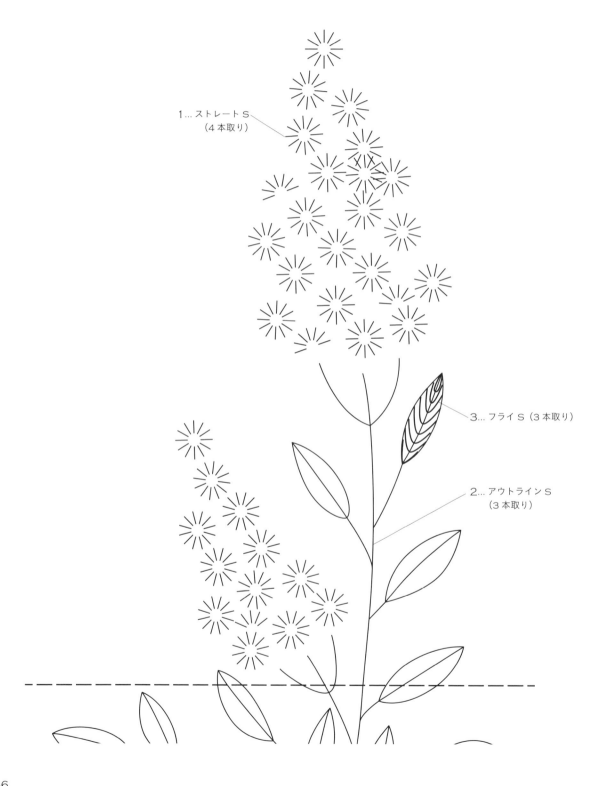

1…ストレートS（4本取り）
2…アウトラインS（3本取り）
3…フライS（3本取り）

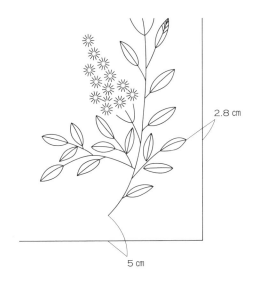

2.8 cm
5 cm

P.12, 13　憧れのモチーフレース

でき上がり　15.5×17.2cm

刺繍　アブローダー30番BLANCの1本取りで刺す。▷チェーンSのレッスンはp.45

材料　表・裏布用黒生地（リネン）…33×37cm
高さ6×幅12cmがま口口金…1個
紙紐…40cm
長さ38cm持ち手用チェーン…1本
縫い糸…適宜

作り方
1. 表布前側の黒生地に刺繍する。
2. イラスト（p.89がま口の仕立て方）のように仕立てる。
3. 口金に持ち手用チェーンをつける。

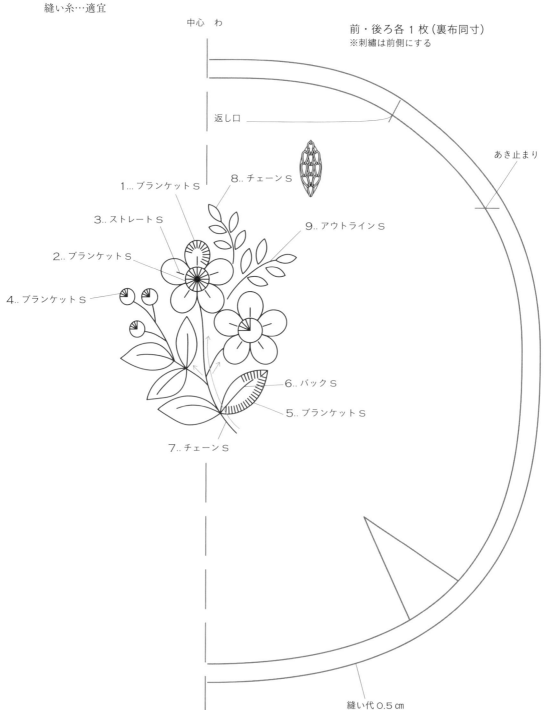

刺繍　アブローダー20番BLANCの1本取りで刺す。▷チェーンSのレッスンはp.45

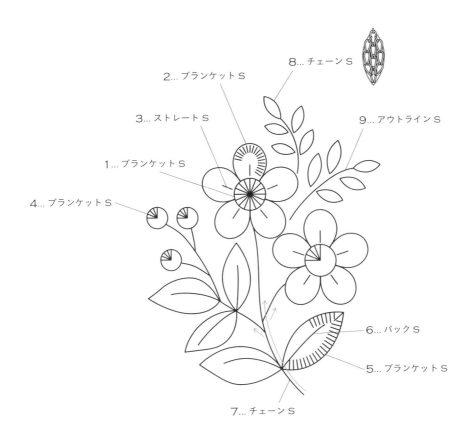

P.14, 15　フレームパターン

刺繍　25番BLANCの2本取りでアウトライン ステッチで刺す。▷アウトラインSのレッスンはp.46

刺繍　25番BLANCの2〜3本取りでアウトラインステッチで刺す。▷アウトラインSのレッスンはp.46

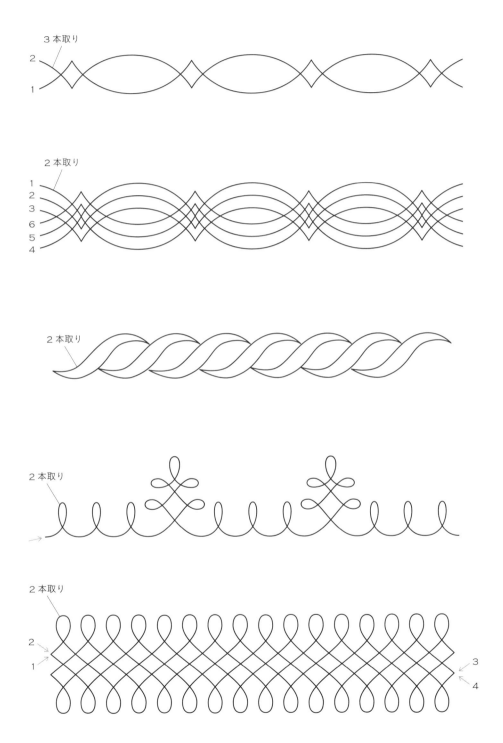

P.16　クロスのモチーフ

でき上がり　各14×17cm

刺繡　すべて25番BLANCの2本取りで刺す。
材料　表布・裏布用白生地（リネン）…各16×40cm
　　　1cm幅リボン…68cmを各2本
　　　縫い糸…適宜

作り方
1. 表布の前側に刺繡する。
2. イラストのように仕立てる。

フライS

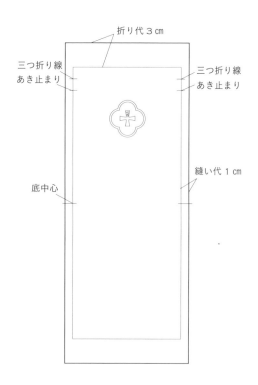

①表布の前側に刺繡をする

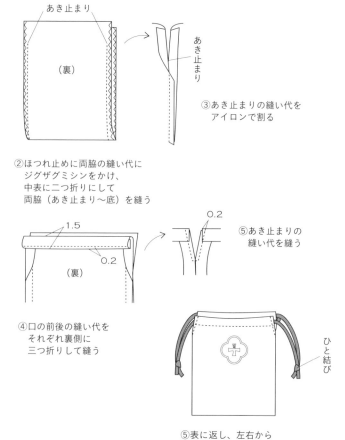

②ほつれ止めに両脇の縫い代に
ジグザグミシンをかけ、
中表に二つ折りにして
両脇（あき止まり～底）を縫う

③あき止まりの縫い代を
アイロンで割る

④口の前後の縫い代を
それぞれ裏側に
三つ折りして縫う

⑤あき止まりの
縫い代を縫う

⑤表に返し、左右から
長さ68cmリボンを各々通す

ひと結び

表布 1 枚（裏布同寸）

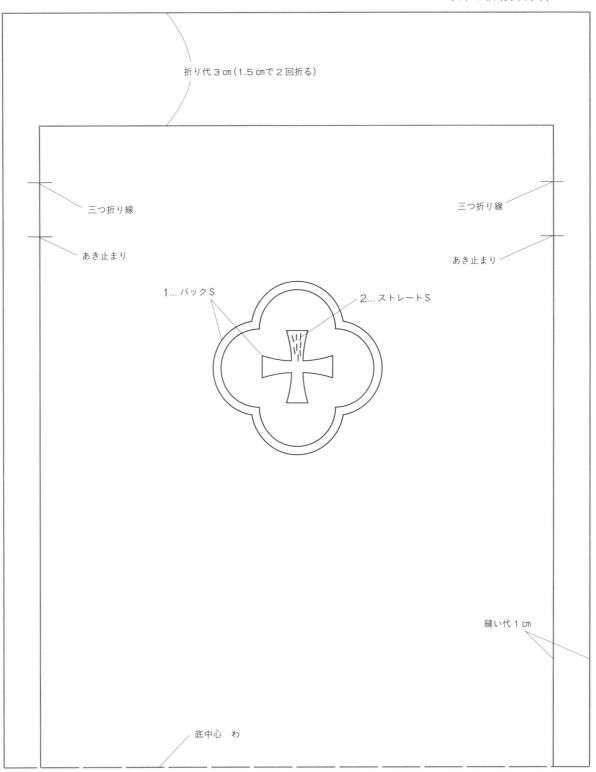

P.17 　蔓と実のパターン　　　　　　　　　　　　　　　　　　　　　　　　　　　　　でき上がり　47cm（頭囲）

刺繍　25番BLANCの1～2本取りで刺す。▷アウトラインS、芯入りサテンSのレッスンはp.46, 47上段
材料　白のボンネット…1枚

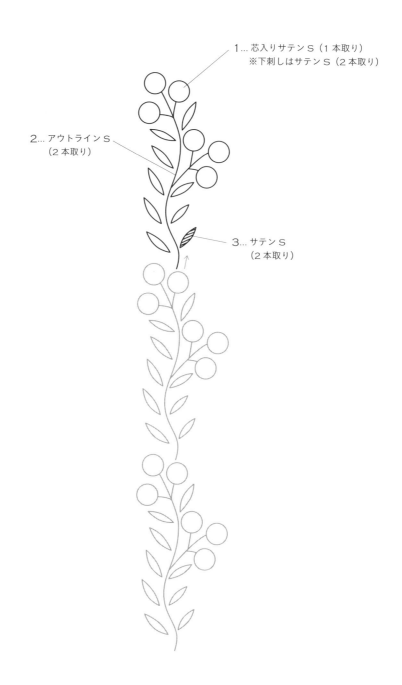

64

P.18　ラビットテイル

刺繡　25番BLANCの2～3本取りで刺す。▷ターキーノットSのレッスンはp.48

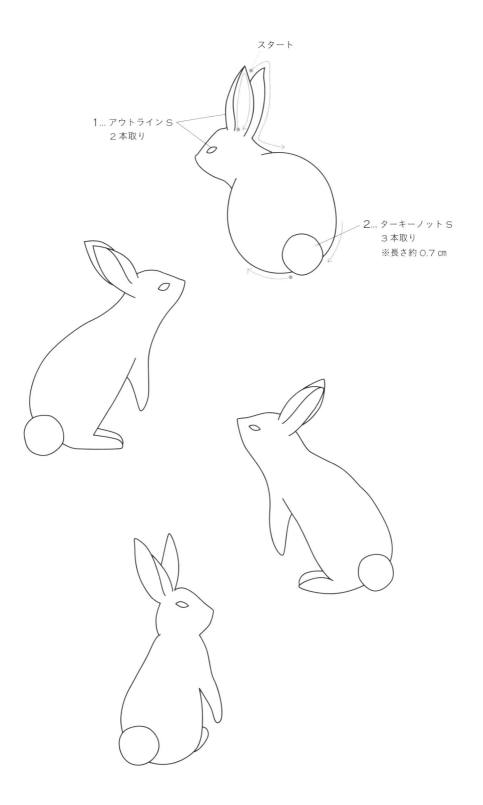

でき上がり　15×19×3cm

刺繡　25番BLANCの2〜3本取りで刺す。▷ターキーノットSのレッスンはp.48。

材料　表布、裏布用白生地（リネン）…34×46cm
高さ4.5×幅18cmがま口口金…1個
幅0.8cm×長さ30cm合皮製持ち手…1本
紙紐…55cm
縫い糸、手芸用ボンド…各適宜

作り方
1. 表布前側の白生地に刺繡する。
2. イラスト（p.89がま口の仕立て方※②で中表に二つ折りにして両脇を縫う）のように仕立てる。
3. 口金に持ち手をつける。

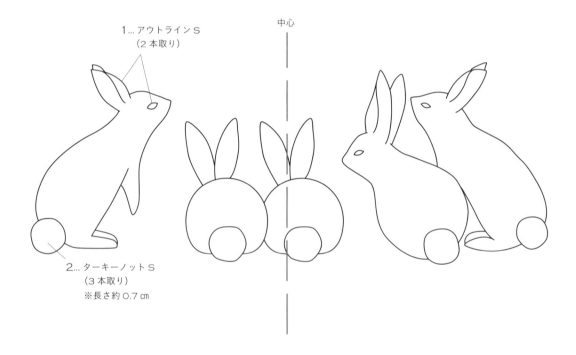

1…アウトラインS（2本取り）
2…ターキーノットS（3本取り）※長さ約0.7cm
中心

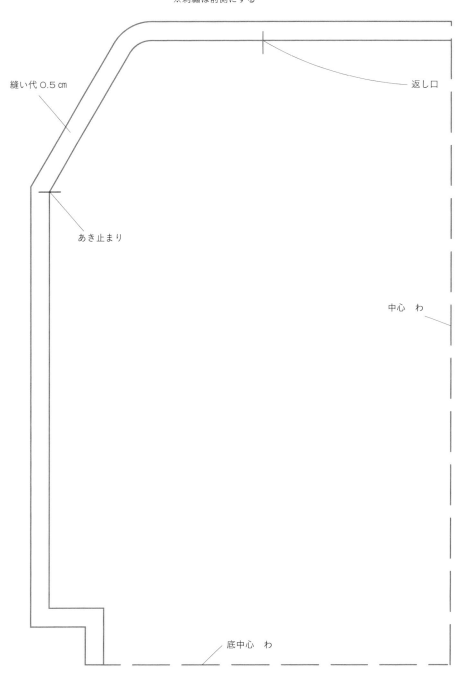

P.20　ホワイトローズ　　　　　　　　　　　　　　　　　　　　　でき上がり　丈74cm（エプロンドレス）

刺繡　25番BLANCの3本、および6本取りで刺す。▷フレンチノットS、アウトラインSのレッスンはp.45,46
材料　白のスカート…1枚

3… アウトラインS
（3本取り）

1… ブランケットS
（3本取り）

2… フレンチノットS
（6本取り・1回巻）
※図案に沿って丸に並べる

P.21　草花のパターン　　　　　　　　　　　　　　　　でき上がり　袖周り24cm

刺繍　25番BLANCの2本取りで刺す。▷チェーンS、レゼーデージSのレッスンはp.45,46
材料　白のブラウス…1枚

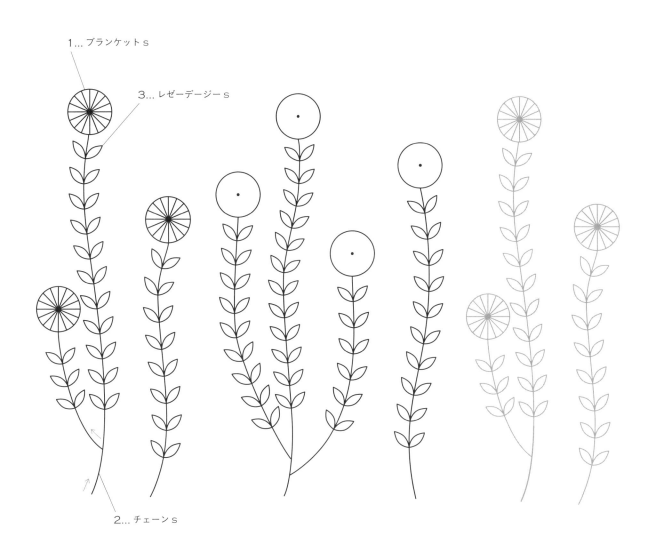

1…ブランケットS
2…チェーンS
3…レゼーデージーS

P.22,23 カットワークのサンプラー

刺繡 アブローダー20番、および30番BLANCの1本取りで刺す。▷カットワークのレッスンはp.49

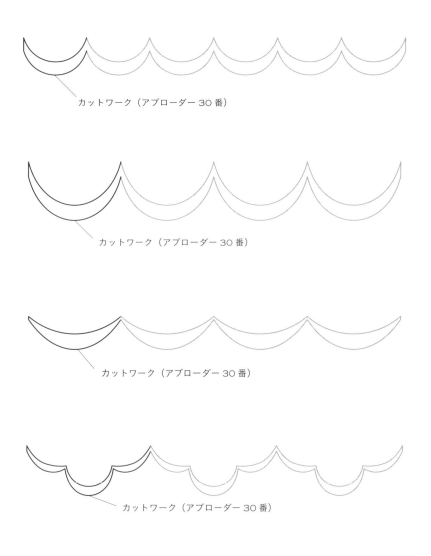

カットワーク（アブローダー30番）

カットワーク（アブローダー30番）

カットワーク（アブローダー30番）

カットワーク（アブローダー30番）

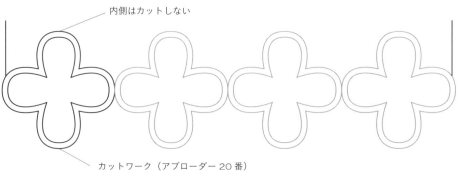

内側はカットしない

カットワーク（アブローダー20番）

刺繡　アブローダー 30番BLANCの1本取りで刺す。▷カットワークのレッスンはp.49

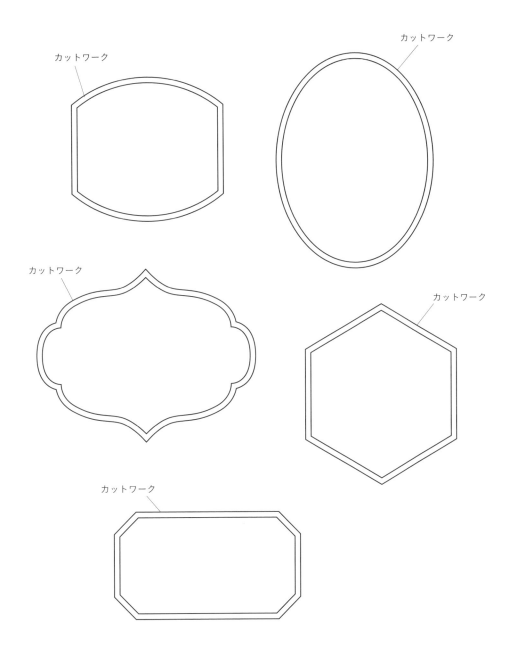

P.24,25　スカラップの縁飾り

でき上がり　袖周り30cm

刺繍　アブローダー20番BLANCの1本取りで刺す。▷カットワークのレッスンはp.49
材料　白のブラウス…1枚

カットワーク
※使用する服の袖周りに合わせて、等分になるように幅を調整する
　（作品は12個のスカラップ）
※服は長袖の服を使い、カットワークで半袖にしてもよい

P.28　ループの縁飾り

でき上がり　袖周り29cm

刺繍　アブローダー20番BLANCの1本取りで刺す。▷スカラップ（ループ）のレッスンはp.50
材料　ワンピース…1枚

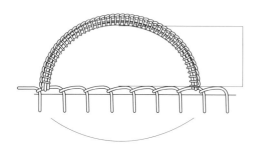

スカラップ（ループ）の高さ
※作品は0.5cm

土台の縁かがり（ボタンホールS）
※使用する服の袖周りに合わせて、等分になるように幅を調整する
　（作品は7ステッチごとにスカラップを1個）

刺繍　　モチーフは25番BLANCの2〜3本取り、カットワークはアブローダー20番BLANCの1本取りで刺す。
　　　　▷アウトラインS、ターキーノットSのレッスンはp.46,48、カットワークのレッスンはp.49

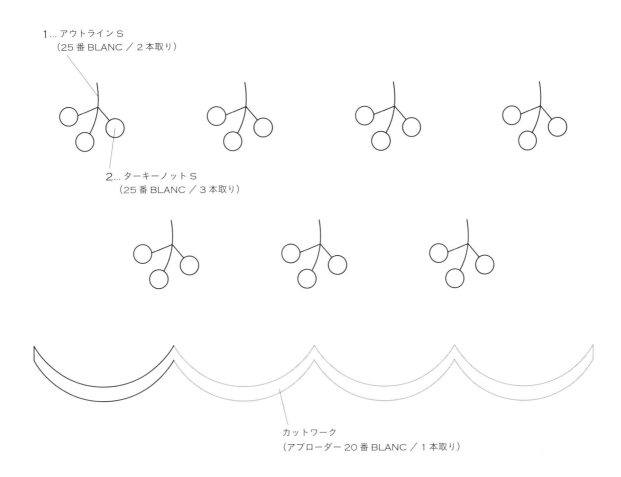

1...アウトラインS
（25番BLANC／2本取り）

2...ターキーノットS
（25番BLANC／3本取り）

カットワーク
（アブローダー20番BLANC／1本取り）

P.26,27 マーガレット

刺繍 25番BLANCの2本取りで刺す。▷フレンチノットS、アウトラインSのレッスンはp.45,46、芯入りサテンSのレッスンはp.47上段

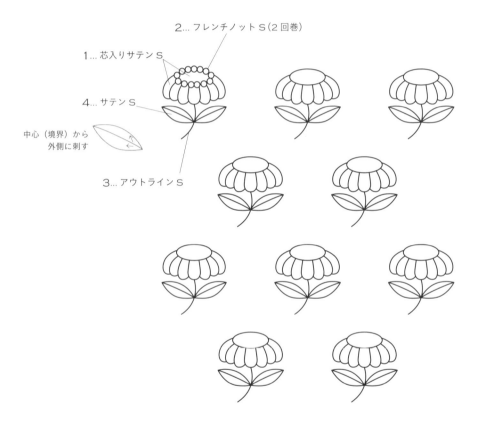

でき上がり　7.8×9.3cm

刺繍　25番BLANCの2本取りで刺す。▷フレンチノットS、アウトラインSのレッスンはp.45,46、芯入りサテンSのレッスンはp.47上段

材料　表・裏布用白生地（リネン）…30×30cm
高さ4.3×幅7cmがま口口金…1個
縫い糸…適宜

作り方　1. 表布の前側に刺繍する。
2. イラスト（p.89がま口の仕立て方）のように仕立てる。

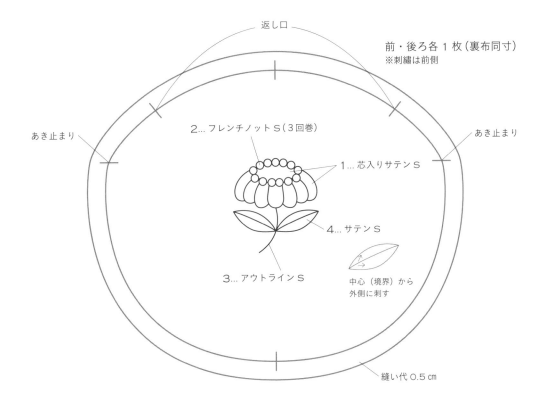

P.29 芯入りサテンステッチの教習布

刺繡　25番BLANCの1〜2本取りで刺す。▷芯入りサテンSのレッスンはp.47下段

芯入りサテンS（1本取り）
※下刺しはアウトラインS（2本取り）

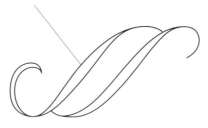

芯入りサテンS（1本取り）
※下刺しはアウトラインS（2本取り）

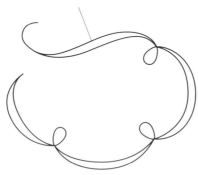

芯入りサテンS（1本取り）
※下刺しはアウトラインS（2本取り）

P.32　ホワイトブロッサム

刺繍　25番BLANCの1〜2本取りで刺す。▷アウトラインSのレッスンはp.46、芯入りサテンSのレッスンはp.47上段

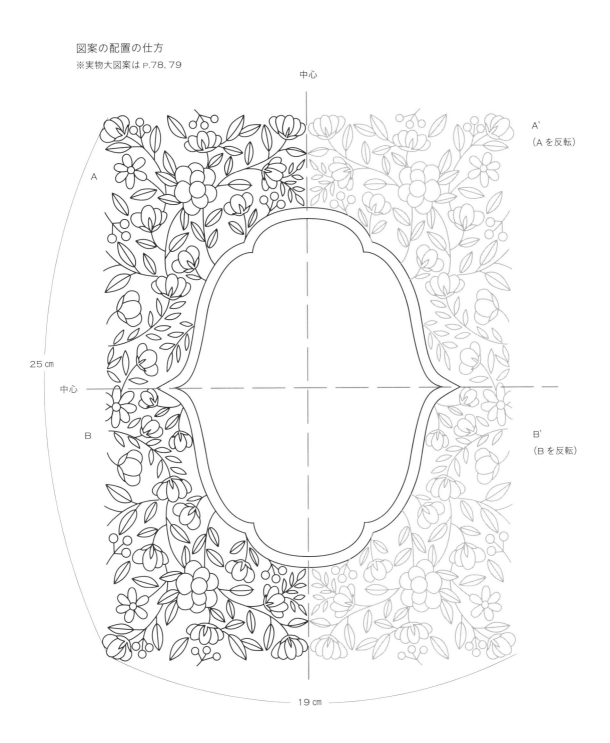

図案の配置の仕方
※実物大図案は P.78, 79

A

中心

芯入りサテンS
（1 本取り）

サテンS
（1 本取り）

中心（境界）から
外側に刺す

アウトラインS
（1 本取り）

サテンS
（1 本取り）

アウトラインS
（2 本取り）

この図案の〇の部分は
全て芯入りサテンS

78

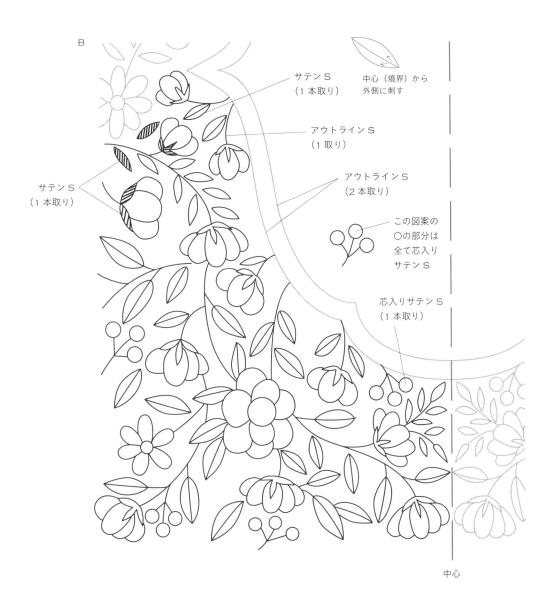

P.34　バレエシューズ

でき上がり　28×19cm

刺繡　25番BLANCの2本取りでアウトライン
　　　ステッチで刺す。▷アウトラインSのレッスン
　　　はp.46

材料　表布、裏布、持ち手用白生地(リネン)
　　　…29×58cm
　　　縫い糸…適宜

作り方　1. 表布の前側に刺繡する。
　　　　2. イラストのように仕立てる。

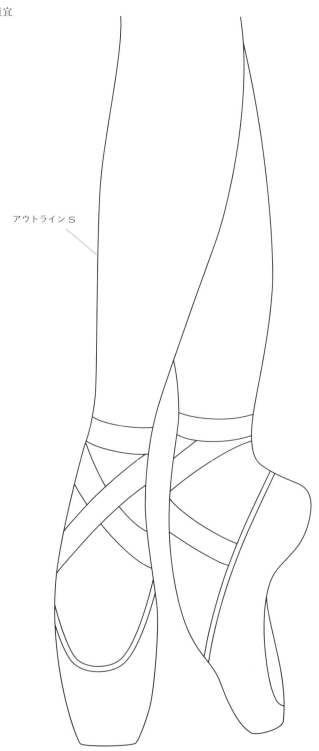

アウトラインS

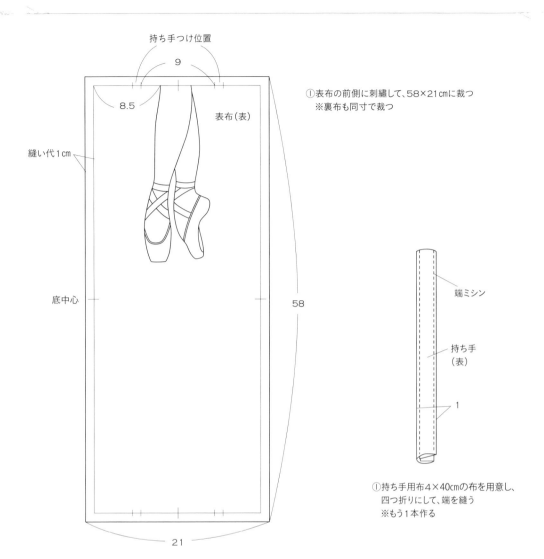

①表布の前側に刺繡して、58×21cmに裁つ
※裏布も同寸で裁つ

①持ち手用布4×40cmの布を用意し、
四つ折りにして、端を縫う
※もう1本作る

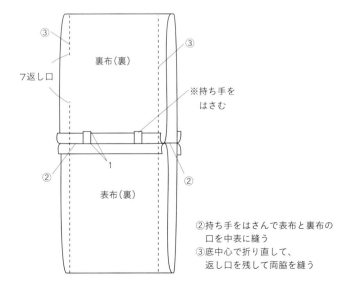

②持ち手をはさんで表布と裏布の
　口を中表に縫う
③底中心で折り直して、
　返し口を残して両脇を縫う

③返し口から表に返して、
　返し口をとじる
※口を端ミシンでぐるりと
　押さえると縫い代が浮かない

P.36 白のモザイク

でき上がり　各5.3×23cm

刺繡　模様は25番BLANCの3本取り、ボタンホールSはアブローダー20番BLANCの1本取りで刺す。▷チェーンS、レゼーデージSのレッスンはp.45,46

材料　表布、裏布用白生地（リネン）…12.6×24cm
直径1.8cmボタン…2個
縫い糸…適宜

作り方
1. 表布の前側に刺繡する。
2. イラストのように仕立てる。

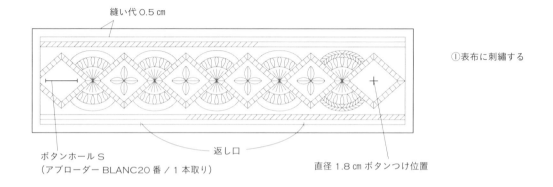

①表布に刺繡する

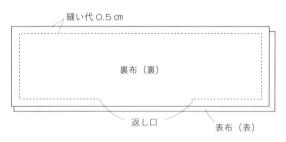

②表布に同寸に裁った裏布を中表に重ね返し口を残して縫う

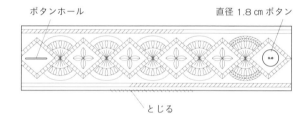

③返し口から表に返し、返し口をとじる
ボタンホールを作り、ボタンを縫いつける
※これをもう1枚作る

＜ボタンホールの作り方＞

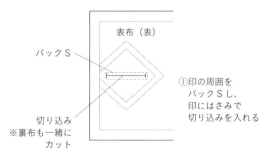

①印の周囲をバックSし、印にはさみで切り込みを入れる

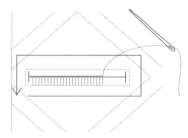

②切り込みとバックSの間を一周ボタンホールSする
※裏布まですくって刺す

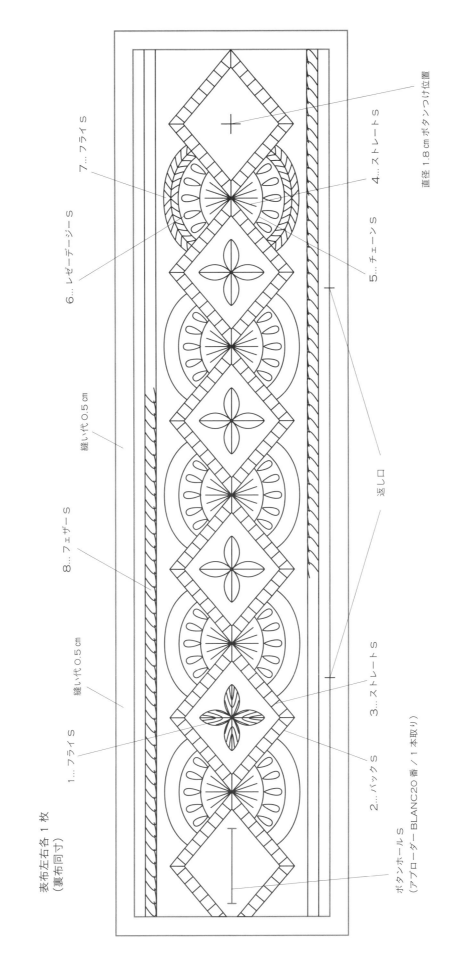

P.38,39　アイレットのサンプラー

刺繡　25番BLANCの2本取りで刺す。▷アイレット刺繡のレッスンはp.51

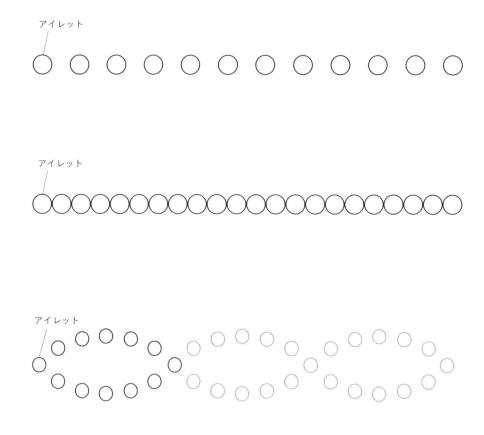

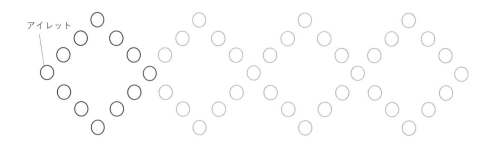

刺繍　25番BLANCの2本取りで刺す。▷アウトラインSのレッスンはp.46、アイレット刺繍のレッスンはp.51

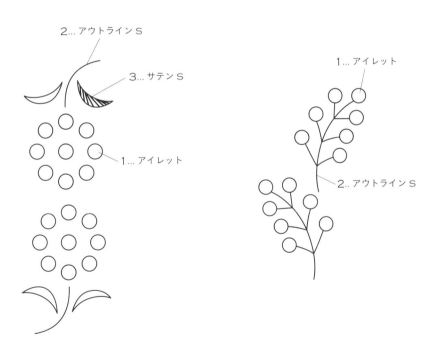

P.42,43 ウィンターニットのパターン

でき上がり　13×16cm

刺繡　5番BLANCの1本取りで刺す。▷チェーンS
のレッスンはp.45

材料　表・裏布用白生地(リネン)…28×34cm
高さ5×幅12cmがま口口金…1個
紙紐…40cm
縫い糸…適宜

作り方
1. 表布の前側に刺繍する。
2. イラスト(p.89がま口の仕立て方)のように仕立てる。

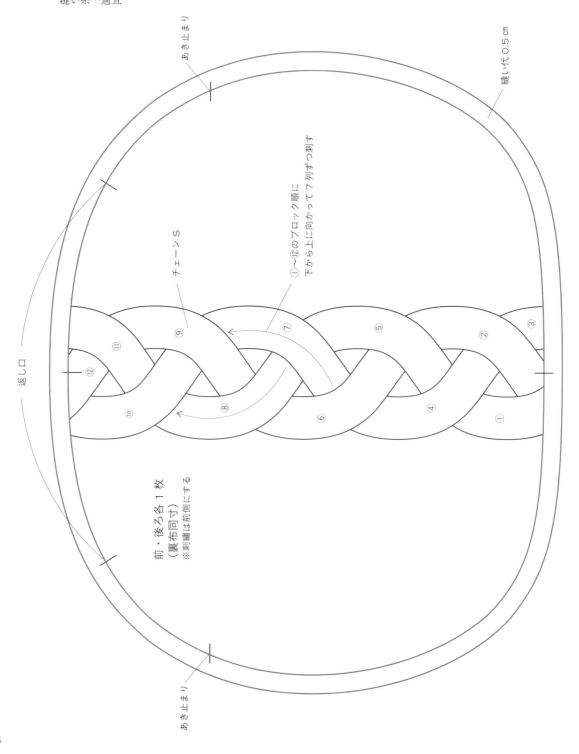

でき上がり　13×16cm

刺繡　5番BLANCの1本取りで刺す。▷チェーンS のレッスンはp.45

材料　表・裏布用白生地（リネン）…28×34cm
　　　高さ5×幅12cmがま口口金…1個
　　　紙紐…40cm
　　　縫い糸…適宜

作り方　1. 表布の前側に刺繡する。
　　　　2. イラスト（p.89がま口の仕立て方）のように仕立てる。

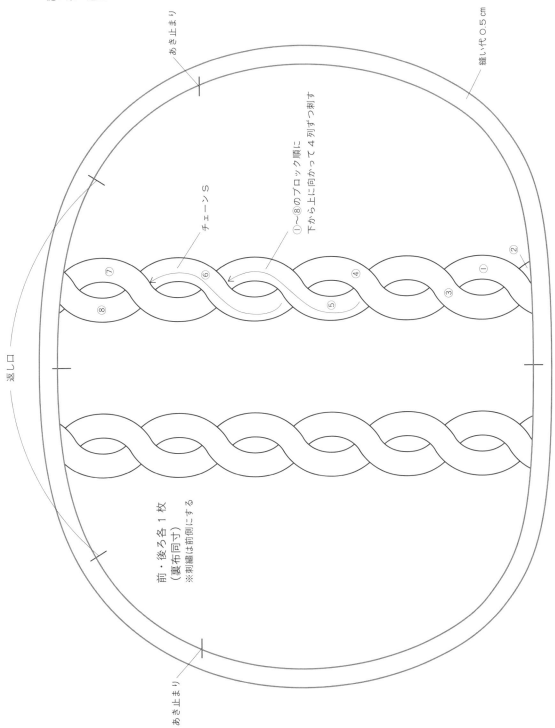

あき止まり／縫い代0.5cm／チェーンS／①〜⑧のブロック順に下から上に向かって4列ずつ刺す／返し口／前・後ろ各1枚（裏布同寸）※刺繡は前側にする／あき止まり

P.40　スワンのステッチワーク

刺繍　指定以外はすべて25番BLANCの2本取りで刺す。▷アウトラインSのレッスンはp.46、カットワークのレッスンはp.49

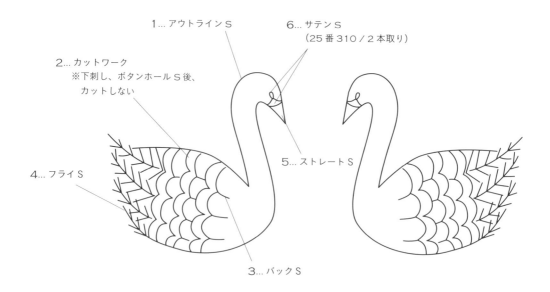

P.41　リボンのステッチワーク

刺繍　25番BLANCの2本取りで刺す。▷レゼーデージーS、アウトラインSのレッスンはp.46

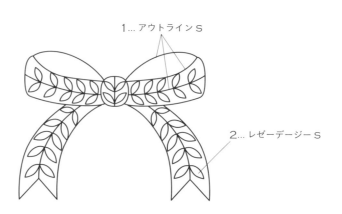

<がま口の仕立て方> ※共通

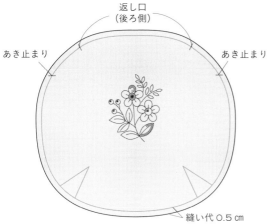

①表布の前側に刺繍する

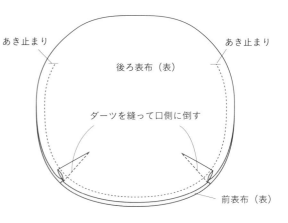

②ダーツがある場合は、ダーツを縫った後、
同様にした後ろ表布を中表に重ね、
あき止まりまで縫い合わせる
※裏布も同様にする

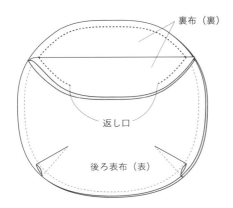

③裏布を表に返して表布の中に入れ、
中表にして口を縫い合わせる
※後ろ側の返し口は縫わない

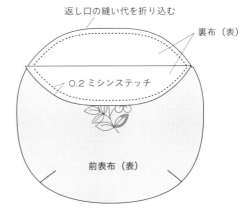

④返し口から表に返し、返し口の縫い代を
折り込み、口をぐるりとミシンステッチ

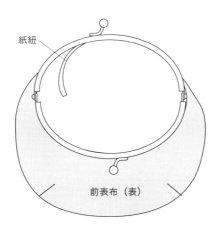

⑤がま口金の溝に手芸用ボンドをつけ、
口を差し込む
※すき間に紙紐をドライバーなどで
押し込んでしっかりと接着させる

89

刺繍の刺し方

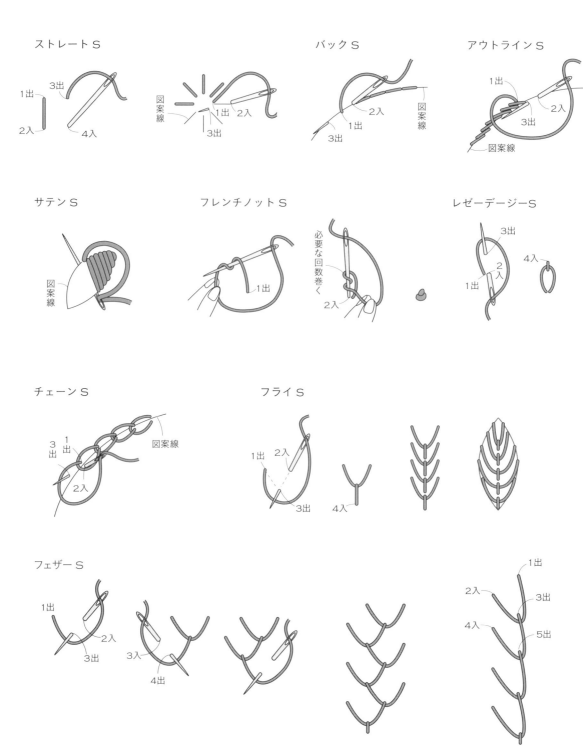

ブランケットS

円状に刺す
（ブランケットリングS）

図案線
ブランケットSと同じ要領で
中心から円状に刺す

最後の目は最初の目に
針をくぐらせる

ボタンホールS

ブランケットSと同じ要領で
せまい間隔で刺す
縁かがりなどでも使用

ターキーノットS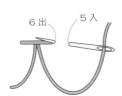

※刺し終わりの糸端も
　表に出す

以降も同じ要領で刺す

浅賀菜緒子

刺繍作家。横浜在住。服飾専門学校を経て、呉服店勤務の際に日本刺繍と出会い刺繍を始める。現在はフランス刺繍と日本刺繍で作品を制作。雑誌や広告、書籍装丁などの作品を手掛ける他、自身のアトリエにて刺繍教室を開催。「植物刺繡」（文化出版局）、「ちいさな日本刺繡」（河出書房新社）、「いちばんやさしい猫刺しゅう」（エクスナレッジ/共著）他がある。

https://www.instagram.com/pontomarie/
http://pontomarie.petit.cc/

白糸刺繡の手仕事
モチーフとワードローブ

2019年7月13日　初版第1刷発行

著　者　浅賀菜緒子
発行者　澤井聖一
発行所　株式会社エクスナレッジ
　　　　〒106-0032　東京都港区六本木7-2-26
　　　　http://www.xknowledge.co.jp/

問合わせ先
[編集] TEL 03-3403-6796　FAX 03-3403-0582
　　　 info@xknowledge.co.jp
[販売] TEL 03-3403-1321　FAX 03-3403-1829

無断転載の禁止
本書の内容（本文、図表、イラスト等）を当社および著作権者の承認なしに無断で転載（翻訳、複写、データベースへの入力、インターネットへの掲載等）、本書を使用しての営利目的での制作（販売、展示、レンタル、講演会）を禁じます。

制作協力 / 桑山恵梨

刺繍糸提供 / ディー・エム・シー株式会社
TEL 03-5296-7831
www.dmc.com

撮影協力 /
BOUTIQUES JEANNE VALET
〒150-0034　東京都渋谷区代官山町13-6
TEL 03-3464-7612

ATELIER JEANNE VALET
〒150-003　東京都渋谷区代官山町8-15　2F
TEL 03-6416-3593

OLGOU
〒153-0051　東京都目黒区上目黒1-10-6　pine village100
TEL 03-3463-0509

finestaRt
〒152-0003　東京都目黒区碑文谷4-6-6
TEL 03-5434-1178

うさぎカフェ　うさびび
〒171-0014　東京都豊島区池袋2-42-9　中川ビル5F
TEL 03-3914-2557